Coquette et gourmande

DESSERTS
GOURMANDS

Bonnie Marcus

Bonnie Marcus a créé son entreprise de papeterie avec la collection « Where fashion meets paper® » en 2002 depuis son salon, alors qu'elle attendait son premier enfant. Ancienne wedding planner new-yorkaise, Bonnie Marcus maîtrisait à la perfection l'organisation d'événements et déplorait le manque de choix en termes de papiers décorés à la mode. Elle décida alors de combiner sa passion pour la mode (elle a travaillé pour Diane Von Furstenberg) et pour l'organisation d'événements, et sa collection de papeterie remporta un succès fulgurant ! Les produits de Bonnie Marcus sont désormais largement disponibles et sont appréciés par de nombreuses stars, dont Cindy Crawford, Christina Aguilera, Britney Spears et Eva Longoria. Bonnie Marcus est considérée comme une pionnière parmi les femmes chefs d'entreprises et s'implique dans la lutte contre le cancer du sein et auprès des enfants atteints d'autisme. Pour plus d'informations, merci de visiter le site internet www.bonniemarcus.com.

Coquette et gourmande

DESSERTS GOURMANDS

Bath • New York • Cologne • Melbourne • Delhi
Hong Kong • Shenzhen • Singapore • Amsterdam

Copyright © Parragon Books Ltd
Chartist House
15-17 Trim Street
Bath, BA1 1HA, Royaume-Uni

Traduction française
© Elcy Éditions
72, rue de Rochechouart
75009 Paris, France

Réalisation : InTexte, Toulouse

ISBN : 978-1-4723-6328-2

Imprimé en Chine
Printed in China

Illustrations © Bonnie Marcus Collection

Direction de projet : Cheryl Warner
Textes additionnels : Robin Donovan
Design : Lisa McCormick
Photographies : Ian Garlick

Notes au lecteur

Une cuillerée à soupe correspond à 15 à 20 g d'ingrédients secs et à 15 ml d'ingrédients liquides.
Une cuillerée à café correspond à 3 à 5 g d'ingrédients secs et à 5 ml d'ingrédients liquides.
Sans autre précision, le lait est entier, les œufs sont de taille moyenne et le poivre
est du poivre noir fraîchement moulu.
Les temps de préparation et de cuisson des recettes sont donnés à titre indicatif
car ils peuvent varier, notamment en fonction du four utilisé.
La consommation des œufs crus ou peu cuits n'est pas recommandée aux enfants,
aux personnes âgées, malades ou convalescentes et aux femmes enceintes.
Consultez votre médecin traitant avant d'entamer un régime.

Légende des informations nutritionnelles

Kcal = kilocalories ; L = lipides ; AGS = acides gras saturés ; S = sucres ; G = glucides.
Les valeurs sont indiquées par portion.

Sommaire

Une vie sans complexe

Quelle femme ne rêve pas de pouvoir déguster un bon
gâteau au chocolat sans culpabiliser? C'est maintenant
chose possible grâce aux recettes légères de cet ouvrage!
Vous pourrez désormais vous faire plaisir avec de fabuleuses
gourmandises sans le regretter ensuite avec des recettes
pauvres en calories et en matières grasses.
Que demander de mieux?

Si vous pensiez que vous deviez abandonner tout plaisir
gustatif pour vous sentir bien dans votre jean préféré, revoyez
votre opinion. Vous pouvez – vous devez! – vous régaler avec la
nourriture. Même un somptueux gâteau peut aussi
faire partie d'un régime alimentaire sain et équilibré.
La clé de la réussite n'est pas la privation, mais la modération.
Choisissez vos moments, surveillez la taille de vos portions,
optez pour des ingrédients nutritifs et trouvez des desserts
aux saveurs intenses qui raviront ainsi vos papilles
à chaque bouchée.

Depuis nos délicieuses bouchées,
comme les biscuits au thé chaï
ou les mini-meringues au citron,
jusqu'aux sensationnels desserts
de fête tels que les irrésistibles
mini-fondants au chocolat
ou les impressionnants millefeuilles
à la fraise et au chocolat
blanc, les recettes que vous
trouverez ici séduiront les plus
gourmands. Riches en saveurs,
elles ne vous donneront jamais
l'impression de vous priver.

Avec des gourmandises pour
tous les jours, des en-cas express
pour apaiser les petits creux
et des desserts élaborés
qui feront grande impression,
vous consommerez moins
de 250 kilocalories par portion.

Voilà de quoi mener enfin
une vie sans complexe !

Délicieuses bouchées

Biscuits au thé chaï

Kcal 55	L 3,1 g	AGS 1,9 g	S 3,7 g	G 6,5 g

INGRÉDIENTS

Pour 30 biscuits

100 g de sucre roux
2 cuil. à soupe de thé chaï
   (environ 4 sachets)
¼ de cuil. à café de sel
125 g de farine complète,
   un peu plus pour saupoudrer
1 cuil. à café d'extrait de vanille
115 g de beurre doux, froid

RECETTE

1 Préchauffer le four à 180 °C (th. 6) et chemiser une plaque à pâtisserie de papier sulfurisé.

2 Mettre le sucre roux, le thé et le sel dans un robot de cuisine et mixer jusqu'à ce que le thé soit réduit en une fine poudre. Ajouter la farine, l'extrait de vanille et le beurre, et mixer jusqu'à ce que la préparation commence à s'agglomérer. Si la pâte est trop sèche, ajouter de l'eau froide, ½ cuillerée à café à la fois, et mixer après chaque ajout. Déposer la pâte sur un morceau de film alimentaire et la façonner en boudin. Envelopper en serrant bien et mettre 15 minutes au réfrigérateur.

3 Étaler la pâte sur un plan de travail fariné de sorte qu'elle ait 3 mm d'épaisseur, et y découper des ronds à l'aide d'un emporte-pièce de 6 cm de diamètre, rond ou de la forme de son choix. Transférer les biscuits sur la plaque à pâtisserie et les cuire 18 à 20 minutes au four préchauffé, jusqu'à ce qu'ils commencent à changer de couleur.

4 Sortir les biscuits du four et les laisser refroidir complètement sur une grille à pâtisserie. Servir à température ambiante.

Pavés aux airelles et aux marshmallows

Kcal 124	L 5,3 g	AGS 0,6 g	S 12,3 g	G 19 g

INGRÉDIENTS
Pour 20 pavés

150 g de flocons d'avoine
50 g de graines de sésame
3 cuil. à soupe de sucre roux
40 g de mini-marshmallows
70 g d'airelles séchées
115 g de miel
5 cuil. à soupe d'huile
   de tournesol,
   un peu plus pour graisser
quelques gouttes d'extrait
   de vanille

RECETTE

1 Préchauffer le four à 160 °C (th. 5-6). Huiler légèrement un moule de 28 x 18 cm et le chemiser avec du papier sulfurisé.

2 Mettre les flocons d'avoine, les graines de sésame, le sucre, les marshmallows et les airelles dans un grand bol et mélanger. Creuser un puits au centre et y verser le miel, l'huile et l'extrait de vanille, puis mélanger à nouveau.

3 Presser le mélange dans le moule et lisser la surface à l'aide d'une cuillère métallique. Cuire 20 minutes au four préchauffé, jusqu'à ce que la préparation se colore.

4 Laisser reposer 10 minutes dans le moule, puis découper en pavés et laisser refroidir complètement. Démouler et servir immédiatement ou conserver jusqu'à 2 jours dans un récipient hermétique à l'abri de la chaleur et de l'humidité.

Barres pécan-caramel

Kcal	L	AGS	S	G
224	9,3 g	3 g	23,3 g	326 g

INGRÉDIENTS

Pour 12 barres

Base

huile en spray
100 g de sucre roux
55 g de beurre
55 g de farine complète
55 g de farine ordinaire
2 cuil. à café d'eau

Garniture

2 œufs
165 g de sucre roux
1 cuil. à soupe de farine
1 cuil. à café d'extrait de vanille
¼ de cuil. à café de sel
85 g de noix de pécan

RECETTE

1 Préchauffer le four à 190 °C (th. 6-7). Graisser un moule de 28 x 18 cm à l'aide du spray.

2 Pour préparer la base, battre le beurre en crème avec le sucre dans un bol à l'aide d'un batteur électrique. Ajouter les deux farines et l'eau, et bien mélanger. Transférer la préparation dans le moule de façon à en recouvrir le fond de manière homogène. Cuire 12 à 15 minutes au four préchauffé, jusqu'à ce que le biscuit se soit coloré. Sortir le moule du four, sans éteindre le four.

3 Pour préparer la garniture, battre les œufs avec le sucre, la farine, l'extrait de vanille et le sel dans un grand bol à l'aide d'un batteur électrique. Ajouter les noix de pécan et verser le tout dans le moule. Poursuivre la cuisson 18 à 20 minutes au four, jusqu'à ce que la garniture commence à dorer sur les bords.

4 Démouler le gâteau et le laisser refroidir sur une grille à pâtisserie.

5 Couper en 12 barres servir à température ambiante.

Fraises en robes blanches et noires

 Kcal 54   L 3 g   AGS 1,7 g   S 5 g   G 6,3 g

INGRÉDIENTS
Pour 14 fraises

115 g de chocolat noir,
    haché
115 g de chocolat blanc,
    haché
24 grosses fraises

RECETTE

1 Chemiser une plaque à
pâtisserie de papier sulfurisé.
Faire fondre les deux
chocolats séparément
au bain-marie.

2 Plonger la pointe
des fraises dans le chocolat
blanc ou noir et les laisser
prendre 1 heure sur
la plaque.

3 Mettre les fraises dans
des verres à liqueur
ou sur un plateau et servir
immédiatement.

Pop-corn au caramel

| Kcal 230 | L 7,5 g | AGS 2,5 g | S 38 g | G 44 g |

INGRÉDIENTS

Pour 8 personnes

100 g de sucre en poudre
100 g de sucre roux
125 ml de golden syrup
25 g de beurre
1½ cuil. à café de bicarbonate
    de soude
1 cuil. à café de sel
½ cuil. à café d'extrait de vanille
60 g de pop-corn

RECETTE

1 Chemiser une grande plaque à pâtisserie de papier sulfurisé ou de papier d'aluminium.

2 Dans une casserole, mélanger les sucres, le golden syrup et le beurre, et porter à ébullition à feu moyen à vif. Réduire légèrement le feu et laisser bouillir 4 minutes sans remuer. Incorporer délicatement le bicarbonate, le sel et l'extrait de vanille.

3 Mettre le pop-corn dans un grand bol, ajouter le caramel et bien mélanger. À l'aide de deux cuillères, façonner 24 boules de pop-corn d'environ 6 cm de diamètre et les répartir sur la plaque. Laisser prendre environ 1 heure à température ambiante. Servir à température ambiante.

Brisures croustillantes au chocolat et aux fruits secs

 Kcal 153
 L 9,6 g
 AGS 4,8 g
 S 104 g
 G 15,5 g

INGRÉDIENTS
Pour 16 brisures
70 g de cerises séchées
55 g de noisettes, hachées
350 g de chocolat noir, haché
15 g de riz soufflé

RECETTE

1 Chemiser de papier sulfurisé un moule de 28 x 23 cm.

2 Mélanger les cerises et les noisettes dans un petit bol.

3 Faire fondre délicatement le chocolat au bain-marie, puis y incorporer le riz soufflé.

4 Verser le mélange dans le moule et lisser la surface à l'aide d'une spatule. Parsemer immédiatement de cerises et de noix, puis presser délicatement avec la paume de la main. Laisser prendre au moins 1 heure au réfrigérateur.

5 Casser le chocolat en brisures et servir à température ambiante.

Mini-meringues au citron

| Kcal 73 | L 0 g | AGS 0 g | S 17 g | G 18 g |

INGRÉDIENTS
Pour 8 personnes
2 blancs d'œufs
⅛ de cuil. à café de crème de tartre
1 pincée de sel
140 g de sucre en poudre
zeste finement râpé d'un citron

RECETTE
1 Préchauffer le four à 110 °C (th. 1-2). Chemiser une plaque à pâtisserie de papier sulfurisé ou de papier d'aluminium.

2 Battre les blancs d'œufs à l'aide d'un batteur électrique jusqu'à ce qu'ils soient mousseux. Ajouter la crème de tartre et le sel, et continuer à battre jusqu'à obtention d'une neige souple. Incorporer progressivement le sucre et battre encore 3 à 4 minutes, jusqu'à obtention d'une neige ferme. Ajouter le zeste de citron.

3 Déposer des cuillerées de meringue sur la plaque et cuire 1 h 30 environ au four préchauffé, jusqu'à ce que les mini-meringues soient croustillantes sans avoir bruni. Éteindre le four et laisser les meringues refroidir dedans 30 minutes.

Paniers en pâte filo au moka

| Kcal 183 | L 6,5 g | AGS 3,5 g | S 19 g | G 27 g |

INGRÉDIENTS

Pour 8 paniers
Paniers en pâte filo

3 feuilles de pâte filo
huile en spray
1 cuil. à café de sucre
    en poudre
demi-fraises, pour décorer
    (facultatif)

Garniture

115 g de chocolat noir, haché
3 cuil. à soupe de cacao
    en poudre
200 ml d'eau
1 cuil. à café d'extrait de vanille
1 cuil. à soupe de café soluble
    instantané
100 g de sucre en poudre
3 blancs d'œufs
¼ de cuil. à café de crème
    de tartre

RECETTE

1 Préchauffer le four à 180 °C (th. 6).

2 Pour préparer les paniers, étaler une feuille de pâte filo et la huiler à l'aide du spray, puis la saupoudrer avec un tiers du sucre. Étaler la deuxième feuille par-dessus et répéter l'opération deux fois, de sorte que les trois feuilles soient empilées. Couper la pile en 8 rectangles, et placer les rectangles dans les alvéoles non graissées d'un moule à muffins. Presser délicatement pour obtenir 8 paniers. Cuire 6 à 8 minutes au four préchauffé, jusqu'à ce que la pâte ait doré. Déposer le moule sur une grille et laisser refroidir complètement avant de démouler les paniers.

3 Pour préparer la garniture, mettre le chocolat, le cacao et 5 cuillerées à soupe d'eau dans un bol et faire fondre le tout au bain-marie. Hors du feu, incorporer l'extrait de vanille et le café. Réserver.

4 Dans une petite casserole, mélanger le sucre et 125 ml d'eau, et porter à ébullition. Cuire environ 5 minutes sans cesser de remuer, jusqu'à ce que la préparation commence à épaissir.

5 Battre les blancs d'œufs à l'aide d'un batteur électrique à vitesse réduite jusqu'à ce qu'ils soient mousseux. Ajouter la crème de tartre et continuer à battre à vitesse moyenne jusqu'à obtention d'une neige souple. Sans cesser de battre, ajouter progressivement le sirop de sucre. Battre jusqu'à obtention d'une meringue ferme.

6 Incorporer un tiers des blancs en neige à la préparation au chocolat réservée, puis ajouter les blancs en neige restants. Transférer le tout dans un bol et couvrir de film alimentaire en veillant à ce qu'il touche la préparation de façon à éviter la formation d'une peau. Mettre au moins 1 heure au réfrigérateur.

7 Juste avant de servir, transférer la garniture dans une poche à douille munie d'un embout large en forme d'étoile. Garnir les paniers et les servir immédiatement, éventuellement décorés de demi-fraises.

Croquez la vie !

Cessez de vous sentir coupable ! Manger doit rester un plaisir,
alors pourquoi vous imposer une existence d'ascète ?
Il est tout à fait possible de mener la vie saine et équilibrée
dont vous rêvez tout en vous régalant – même avec des desserts
gourmands, comme ceux que vous découvrez au fil de
ces pages. Les recettes présentées ici sont pauvres en calories,
alors faites-vous plaisir sans culpabiliser !

Il y existe cependant une condition pour pouvoir croquer la vie
en toute liberté et se faire plaisir avec de bons petits plats :
la modération. Si vous éradiquez de votre alimentation toute
une catégorie d'aliments, vous risquez de ressentir de la
frustration et finir par « craquer » de manière totalement
incontrôlée. En revanche, si vous vous autorisez à déguster
ces aliments de façon modérée, le plaisir ressenti vous donnera
l'énergie pour faire du sport ou cuisiner un petit plat équilibré
le soir venu. Fini la culpabilité !

Faites des choix avisés, vous resterez sur le bon chemin.
Nos flapjacks au sirop d'érable regorgent d'énergie
et de douceur. Mangez-en un pour profiter de ses grands
bienfaits nutritionnels, sans parler du plaisir !

Si vous rêvez d'un hamburger et de frites, préparez-en un avec de la dinde, de la feta et des pousses d'épinards. Remplacez les frites par des patates douces rôties au four, qui sont riches en vitamines. Vous vous régalerez sans avoir consommé en un seul repas votre apport journalier conseillé en calories.

Si c'est le chocolat qui vous met l'eau à la bouche, essayez nos mini-fondants au chocolat, qui sont sans farine, relativement pauvres en calories et riches en goût. Si vous êtes plutôt amateur de cheesecake, préparez les petits cheesecakes à la rhubarbe. Ils sont crémeux, savoureux et offrent toutes les saveurs d'un cheesecake… sans les calories.

Et n'oubliez pas, pour croquer la vie, il faut savoir se faire plaisir !

Flapjacks au sirop d'érable

Kcal 200	L 10 g	AGS 1,5 g	S 11 g	G 22,8 g

INGRÉDIENTS

Pour 12 flapjacks

huile en spray
140 g de flocons d'avoine
55 g de noix de pécan, hachées
55 g d'amandes effilées
125 ml de sirop d'érable
55 g de sucre roux
60 g de beurre de cacahuètes
    sans morceaux
1 cuil. à café d'extrait de vanille
¼ de cuil. à café de sel
55 g de riz soufflé
30 g de graines de lin
    moulues

RECETTE

1 Préchauffer le four à 180 °C (th. 6). Huiler un moule de 33 x 23 cm à l'aide du spray.

2 Mélanger les flocons d'avoine, les noix de pécan et les amandes sur une grande plaque à pâtisserie et les faire griller 5 à 7 minutes au four préchauffé, jusqu'à ce qu'elles soient légèrement dorées.

3 Pendant ce temps, mélanger le sirop d'érable, le sucre roux et le beurre de cacahuètes dans une casserole. Porter à ébullition à feu moyen et cuire 4 à 5 minutes sans cesser de remuer, jusqu'à léger épaississement. Incorporer l'extrait de vanille et le sel.

4 Mettre les flocons d'avoine, les noix de pécan et les amandes dans un grand bol et ajouter le riz soufflé et les graines de lin. Verser le contenu de la casserole dans le bol et bien mélanger. Étaler la préparation dans le moule huilé et laisser prendre au moins 1 heure au réfrigérateur, avant de découper 12 barres. Servir à température ambiante. Conserver dans un récipient hermétique.

Biscottis aux figues

 Kcal 182   L 7,3 g   AGS 2 g   S 14 g   G 26 g

INGRÉDIENTS

Pour 18 biscottis

125 g de farine ordinaire
125 g de farine complète
½ cuil. à café de levure chimique
½ cuil. à café de bicarbonate
    de soude
¼ de cuil. à café de sel
55 g de beurre doux, ramolli
100 g de sucre en poudre
55 g de sucre roux
1 cuil. à soupe d'extrait
    de vanille
1 cuil. à soupe de zeste
    d'orange
2 œufs
85 g de noisettes, hachées
    et grillées
200 g de figues sèches,
    hachées

RECETTE

1 Préchauffer le four à 180 °C (th. 6). Chemiser une plaque à pâtisserie de papier sulfurisé.

2 Mélanger les farines, la levure, le bicarbonate et le sel dans un bol.

3 Dans un autre bol, battre le beurre en crème avec le sucre à l'aide d'un batteur électrique. Ajouter l'extrait de vanille et le zeste d'orange, puis les œufs un à un, en battant bien après ajout. Ajouter la moitié du mélange à base de farine et mélanger. Ajouter le mélange restant avec les noisettes et les figues. Bien mélanger le tout.

4 Transférer la pâte obtenue sur la plaque et façonner deux pains d'environ 20 x 7,5 cm. Cuire 30 à 35 minutes au four préchauffé, jusqu'à ce que les pains soient dorés. Les sortir du four et les laisser reposer 10 à 15 minutes. Réduire la température du four à 160 °C (th. 5-6).

5 Couper les pains en biais en tranches de 2,5 cm d'épaisseur et les répartir sur la plaque de sorte que les deux faces de chaque tranche soient exposées. Poursuivre la cuisson environ 25 minutes, jusqu'à ce que les biscottis soient dorés.

6 Sortir les biscottis du four et les laisser refroidir complètement sur une grille à pâtisserie avant de servir.

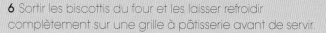

Plaisirs glacés

Yaourt glacé aux fruits rouges

| Kcal 26 | L 0,4 g | AGS 0,2 g | S 4 g | G 4 g |

INGRÉDIENTS
Pour 12 personnes

450 g de yaourt nature allégé
1½ cuil. à soupe de zeste
   d'orange finement râpé
250 g d'un mélange de fruits
   rouges, myrtilles, fraises
   et framboises par exemple,
   un peu plus pour décorer
brins de menthe fraîche,
   pour décorer (facultatif)

RECETTE

1 Régler le congélateur à sa température la plus basse au moins 2 heures avant d'entamer la recette. Placer des caissettes en papier dans un moule à muffins à 12 alvéoles, ou utiliser des petits ramequins.

2 Mélanger le yaourt et le zeste d'orange. Couper les fruits les plus gros en morceaux pour qu'ils soient de la taille des plus petits.

3 Ajouter les fruits au yaourt et répartir le tout dans les caissettes ou les ramequins. Mettre 2 heures au congélateur, jusqu'à ce que le yaourt soit congelé. Décorer de fruits et de brins de menthe, et servir.

Sucettes glacées banane-coco

Kcal 173	L 10 g	AGS 5 g	S 12,3 g	G 20 g

INGRÉDIENTS
Pour 6 sucettes

3 bananes mûres

4 cuil. à soupe de lait concentré
non sucré

75 g de chocolat noir, coupé
en morceaux

1 cuil. à soupe d'huile de colza

3 cuil. à soupe de noix de coco
déshydratée

RECETTE

1 Peler les bananes et les couper en dés, puis les placer dans un récipient adapté à la congélation et les mettre 2 heures au congélateur. Transférer les bananes congelées dans un robot de cuisine, ajouter le lait concentré et mixer jusqu'à obtention d'une consistance lisse et crémeuse. Transférer la préparation dans le récipient, couvrir et la mettre 1 heure au congélateur, jusqu'à ce qu'elle soit ferme.

2 Faire fondre le chocolat au bain-marie avec l'huile en remuant souvent. Mettre la noix de coco dans un bol.

3 Chemiser une plaque à pâtisserie de papier sulfurisé. À l'aide d'une cuillère à glace, façonner des boules de 5 cm de diamètre avec la préparation à base de bananes. Placer les boules sur la plaque. Si elles commencent à ramollir, les remettre 15 minutes au congélateur. En procédant rapidement, piquer un bâtonnet à sucette dans chaque boule. Tremper les sucettes ainsi obtenues dans le chocolat fondu en laissant retomber l'excédent, puis les passer dans la noix de coco et les laisser prendre sur la plaque.

4 Mettre la plaque quelques minutes au congélateur pour les faire prendre légèrement, puis servir immédiatement.

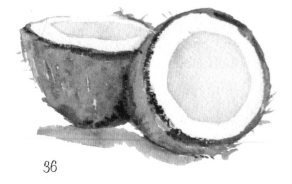

Mangez ce qui vous plaît, mangez équilibré !

Nous voulons toujours tout : des saveurs gourmandes et une alimentation saine ! Heureusement, manger équilibré n'est pas forcément synonyme de privation. C'est plutôt une question de choix et de substitutions rusées. Considérez qu'il s'agit d'un moyen de se sentir bien, d'avoir davantage d'énergie et d'être heureux tout en faisant en sorte que son corps reste en bonne santé. Manger équilibré, c'est se faire plaisir en évitant les calories.

Augmenter les qualités nutritionnelles de ce que vous mangez est aussi simple que de changer de sac à main – le plus souvent, il suffira de remplacer la farine blanche par de la farine complète, de la farine de riz brun ou même de la farine de quinoa. Nos biscuits au thé chaï et nos barres pécan-caramel sont un parfait exemple de recettes gourmandes et saines.

Remplacer le sucre raffiné par celui des fruits est une autre technique pour augmenter les qualités nutritionnelles de vos gourmandises et réduire l'apport calorique. La compote de pomme, la purée de poire ou de banane et le sirop d'agave sucrent parfaitement pour un faible pourcentage calorique. Pour vous en rendre compte, essayez notre gâteau au gingembre et son glaçage au citron.

Préférez également les huiles bonnes pour la santé, dont celles provenant d'olives, de fruits à coques et de graines. Des saveurs incomparables pour des gourmandises saines. Nos cupcakes aux amandes et aux poires pochées, notamment, tirent leur richesse des amandes, qui offrent un type de lipides favorisant la réduction du cholestérol et des risques de certaines maladies.

En réduisant simplement le taux d'acides gras saturés, présents dans le beurre et la crème, vous ferez faire un régime salutaire à vos gâteaux. Réduire le nombre de jaunes d'œufs en faveur des blancs d'œufs, choisir du lait concentré écrémé et du yaourt 0 % est très efficace. De même, remplacer la crème par des blancs d'œufs, comme dans nos paniers en pâte filo au moka, est très ingénieux.

Enfin, pour être une gourmande encore plus futée, ajoutez des ingrédients « profitables », riches en qualités nutritionnelles, à votre recette préférée. Par exemple, ajoutez des graines de lin à vos muffins et à vos brownies, des baies de goji à vos smoothies, ou des graines de chia à vos sablés.

Glaces au mochaccino

| Kcal 69 | L 0,5 g | AGS 0,3 g | S 12 g | G 13,5 g |

INGRÉDIENTS
Pour 6 glaces
225 ml de lait écrémé froid
1 cuil. à café de gélatine
    en poudre
5 cuil. à soupe de café serré
50 g de sucre
25 g de cacao en poudre
½ cuil. à café d'extrait de vanille

RECETTE
1 Verser le lait dans un bol et le saupoudrer de gélatine. Laisser prendre 5 minutes, jusqu'à ce que la gélatine se soit ramollie.

2 Dans une petite casserole, chauffer le café à feu moyen jusqu'à ce qu'il soit frémissant. Ajouter le sucre et le cacao, puis retirer du feu et fouetter jusqu'à ce que le sucre et le cacao soient dissous. Ajouter l'extrait de vanille.

3 Incorporer progressivement le lait et la gélatine sans cesser de battre, puis battre encore 3 minutes, jusqu'à ce que la gélatine soit complètement dissoute. Verser la préparation dans des moules à glaces, insérer les bâtonnets et mettre au moins 4 heures au congélateur. Servir congelé.

Sorbet au vin rouge

| Kcal 166 | L 0 g | AGS 0 g | S 22 g | G 23 g |

INGRÉDIENTS

Pour 6 personnes

1 orange
1 citron
600 ml de vin rouge fruité
140 g de sucre roux
300 ml d'eau, glacée
2 blancs d'œufs, légèrement
    battus
fruits frais,
    en accompagnement

RECETTE

1 Prélever le zeste de l'orange et du citron, et le couper en lanières. Procéder à l'aide d'un couteau économe en veillant à ne pas prélever aussi la chair blanche située sous le zeste. Mettre le zeste dans une casserole avec le vin et le sucre, puis chauffer à feu doux sans cesser de remuer jusqu'à ce que le sucre soit dissous. Porter ensuite à ébullition et laisser bouillir ainsi 5 minutes. Retirer du feu et ajouter l'eau glacée.

2 Presser le jus de l'orange et du citron, et ajouter ce jus au vin. Couvrir et laisser refroidir complètement, puis filtrer et verser la préparation dans un récipient adapté à la congélation. Couvrir et mettre 7 à 8 heures au congélateur, jusqu'à ce que le sorbet soit bien ferme.

3 En procédant rapidement, briser le sorbet en morceaux et le transférer dans un robot de cuisine. Mixer quelques secondes et, moteur en marche, ajouter progressivement les blancs d'œufs. La préparation doit devenir de plus en plus pâle. Continuer à mixer jusqu'à obtention d'une consistance lisse.

4 Mettre au congélateur encore 3 à 4 heures, jusqu'à ce que le sorbet soit ferme. Dresser dans des coupes à dessert et servir immédiatement avec des fruits frais.

Sorbet crémeux au citron

Kcal 176	L 1,6 g	AGS 1 g	S 37,8 g	G 38,6 g

INGRÉDIENTS

Pour 6 personnes

1 cuil. à soupe de zeste
de citron finement râpé

4 cuil. à soupe de jus de citron
frais

1 cuil. à soupe de jus de citron
vert frais

200 g de sucre en poudre

500 ml de lait fermenté

RECETTE

1 En cas d'utilisation d'une sorbetière, placer la cuve au congélateur au moins 24 heures avant d'entamer la recette.

2 Dans un bol, mélanger le zeste citron, le jus de citron, le jus de citron vert et le sucre. Fouetter jusqu'à ce que le sucre soit dissous. Ajouter le lait fermenté et fouetter pour mélanger. Couvrir et mettre au réfrigérateur au moins 3 à 4 heures, jusqu'à ce que le mélange soit bien froid.

3 En cas d'utilisation d'une sorbetière, verser la préparation dans la cuve et mettre la machine en marche 30 minutes à 1 heure, jusqu'à obtention d'un sorbet ferme. Transférer le sorbet dans un récipient adapté à la congélation, couvrir et mettre au congélateur. À défaut de sorbetière, verser la préparation dans un récipient adapté à la congélation, couvrir de film alimentaire et mettre environ 2 heures au congélateur, jusqu'à ce que les bords commencent à durcir. Battre la préparation pour retirer les cristaux de glace, congeler à nouveau et répéter l'opération deux fois. Mettre enfin au congélateur jusqu'à ce que le sorbet soit ferme.

4 Servir immédiatement à la sortie du congélateur.

Bâtonnets glacés aux fruits

 Kcal 56 L 0,3 g AGS trace | S 11 g | G 14 g

INGRÉDIENTS
Pour 8 bâtonnets

225 g de fraises, équeutées
2 petites pêches mûres, pelées,
   dénoyautées et concassées
   (ou 250 g de pêches
   en boîte, égouttées)
4 gros kiwis, pelés et concassés

Sirop de sucre

2 cuil. à soupe de sucre
   en poudre
5 cuil. à soupe d'eau

RECETTE

1 Pour préparer le sirop de sucre, mettre le sucre et l'eau dans une casserole et chauffer à feu doux sans cesser de remuer jusqu'à ce que le sucre soit dissous. Augmenter le feu pour porter à ébullition, puis laisser bouillir 3 à 4 minutes. Retirer la casserole du feu et laisser refroidir complètement.

2 Mettre les fraises dans un robot de cuisine et les réduire en purée. Ajouter 2 cuillerées à soupe de sirop de sucre froid. Verser le mélange dans 8 moules à bâtonnets glacés d'une contenance de 125 ml. Laisser durcir 2 heures au congélateur.

3 Réduire ensuite les pêches en purée dans le robot de cuisine avec la moitié du sirop de sucre restant. Verser le mélange dans les moules, insérer les bâtonnets et laisser durcir 2 heures au congélateur.

4 Réduire enfin les kiwis en purée dans le robot de cuisine et ajouter le sirop de sucre restant. Verser le mélange dans les moules et mettre encore 2 heures au congélateur.

5 Pour démouler les bâtonnets glacés, plonger les moules dans de l'eau chaude pendant quelques secondes, puis tirer délicatement sur les bâtonnets en maintenant fermement les moules.

Chocolat glacé à la liqueur de noisette

Kcal 242	L 8,7 g	AGS 4,9 g	S 23 g	G 35 g

INGRÉDIENTS
Pour 4 personnes

85 g de chocolat noir, haché
2 cuil. à soupe de sucre
   en poudre
1 cuil. à soupe de cacao
   en poudre
350 ml de lait écrémé
900 g de glaçons
1 banane
4 cuil. à soupe de liqueur
   de noisette

RECETTE

1 Faire fondre le chocolat au bain-marie en remuant souvent.

2 Ajouter le sucre et le cacao, et chauffer sans cesser de remuer jusqu'à ce que le sucre soit totalement dissous. Retirer du feu et ajouter lentement le lait sans cesser de remuer. Laisser refroidir à température ambiante.

3 Transférer la préparation dans un robot de cuisine et ajouter la glace, la banane et la liqueur. Mixer le tout jusqu'à obtention d'une consistance mousseuse. Verser dans 4 verres et servir immédiatement.

Crème glacée au sirop d'érable

| Kcal 193 | L 3,2 g | AGS 0,6 g | S 30 g | G 35,7 g |

INGRÉDIENTS

Pour 6 personnes
Crème glacée

500 ml de lait écrémé
225 ml de lait concentré
    non sucré et allégé
200 ml de sirop d'érable
½ cuil. à café d'extrait de vanille

Garniture

1 cuil. à café de beurre doux
1 cuil. à soupe de sucre roux
20 g de pétales de maïs soufflé,
    hachés
2 cuil. à soupe de noix
    de pécan

RECETTE

1 En cas d'utilisation d'une sorbetière, placer la cuve au congélateur au moins 24 heures avant d'entamer la recette.

2 Dans un bol, mélanger le lait, le lait concentré, le sirop d'érable et l'extrait de vanille. Couvrir et mettre au moins 3 heures au réfrigérateur, jusqu'à ce que le mélange soit bien froid.

3 En cas d'utilisation d'une sorbetière, verser la préparation dans la cuve et mettre la machine en marche 30 minutes à 1 heure, jusqu'à obtention d'une crème ferme. Transférer le sorbet dans un récipient adapté à la congélation, couvrir et mettre au congélateur. À défaut de sorbetière, verser la préparation dans un récipient adapté à la congélation, couvrir de film alimentaire et mettre environ 2 heures au congélateur, jusqu'à ce que les bords commencent à durcir. Battre la préparation pour retirer les cristaux de glace, congeler à nouveau et répéter l'opération deux fois. Mettre enfin au congélateur jusqu'à ce que la crème soit ferme.

4 Pour la garniture, chemiser une plaque de papier sulfurisé. Faire fondre le beurre dans une casserole à feu moyen et ajouter le sucre. Retirer la casserole du feu, ajouter le maïs soufflé et les noix de pécan, et bien mélanger. Répartir le tout sur la plaque et laisser refroidir.

5 Servir la crème glacée parsemée de garniture.

Clémentines glacées

Kcal 73 | L traces | AGS traces | S 16 g | G 19 g

INGRÉDIENTS
Pour 10 clémentines
10 clémentines
70 g de sucre en poudre
4 cuil. à soupe d'eau
zeste finement râpé et jus
  d'un citron
jus d'une grosse orange

RECETTE

1 Prélever le sommet de chaque clémentine et réserver. À l'aide d'une petite cuillère et évider les fruits. Mettre la pulpe dans un robot de cuisine et la mixer finement.

2 Passer la purée de clémentine au travers d'un tamis et la mettre dans un grand moule à cake. Placer les coques de clémentines dans un plat à rôti et les mettre au congélateur pour les faire durcir.

3 Mettre le sucre et l'eau dans une casserole à fond épais et chauffer 5 minutes en inclinant régulièrement la casserole pour mélanger, jusqu'à ce que le sucre soit dissous. Augmenter le feu et faire bouillir 1 minute sans remuer. Retirer la casserole du feu et incorporer le jus de citron et d'orange. Filtrer le mélange au tamis et le verser sur la purée de clémentines. Mélanger et laisser refroidir.

4 Mettre le moule à cake au congélateur pendant 2 heures, jusqu'à ce que la préparation soit congelée à demi. Briser les cristaux de glace à l'aide d'une fourchette, puis remettre 1 heure au congélateur. Battre de nouveau à la fourchette, remettre au congélateur 1 heure. Répéter l'opération encore une fois.

5 Répartir le sorbet dans les coques de clémentines, couvrir avec les sommets et mettre 1 nuit au congélateur. (Si le sorbet est devenu trop ferme, le laisser revenir à température ambiante quelques minutes, puis le battre à l'aide d'une fourchette.) Au moment de servir, dresser les clémentines glacées sur des assiettes à dessert.

Biscuits fourrés au sorbet

Kcal 154	L 2,2 g	AGS 1,1 g	S 25,5 g	G 32,6 g

INGRÉDIENTS
Pour 8 biscuits
Sorbet

125 g de sucre en poudre
300 ml d'eau
zeste finement râpé de 2 citrons
    verts
175 ml de jus de citron vert
    (environ 8 citrons verts)

Biscuits

30 g de farine, un peu plus
    pour saupoudrer
30 g de farine complète
¼ de cuil. à café de
    bicarbonate de soude
⅛ de cuil. à café de sel
¾ de cuil. à café de gingembre
    en poudre
¼ de cuil. à café de cannelle
    en poudre
1 pincée de clou de girofle
    en poudre
15 g de beurre doux
2 cuil. à soupe de sucre
    en poudre
2 cuil. à soupe de sucre roux
1 œuf
1½ cuil. à soupe de mélasse

RECETTE

1 Pour préparer le sorbet, mettre le sucre et 150 ml d'eau dans une casserole et porter à ébullition. Réduire le feu et laisser mijoter 2 minutes sans cesser de remuer, jusqu'à ce que le sucre soit dissous. Dans un bol, mélanger le sirop de sucre et les 150 ml d'eau restants, puis ajouter le zeste et le jus de citron vert. Mettre au moins 3 heures au réfrigérateur, jusqu'à ce que la préparation soit bien froide.

2 Verser la préparation dans la cuve glacée d'une sorbetière et actionner la machine selon les instructions du fabricant. À défaut de sorbetière, verser la préparation dans un récipient adapté à la congélation, couvrir et mettre 2 heures au congélateur, jusqu'à ce que les bords commencent à durcir. Battre la préparation pour retirer les cristaux de glace, congeler à nouveau et répéter l'opération deux fois. Mettre enfin au congélateur jusqu'à ce que le sorbet soit ferme.

3 Pour préparer les biscuits, préchauffer le four à 180 °C (th. 6). Chemiser une plaque à pâtisserie de papier sulfurisé. Dans un bol, mélanger les farines, le bicarbonate, le sel et les épices. Dans un autre bol, battre le beurre en crème avec les sucres jusqu'à ce que le mélange blanchisse. Ajouter l'œuf et la mélasse, et bien mélanger. Incorporer le contenu du premier bol en battant à l'aide d'un batteur électrique. Mettre environ 15 minutes au réfrigérateur.

4 Façonner 16 boules de pâte d'environ 4 cm. Les aplatir de sorte qu'elles aient un diamètre de 7,5 cm et une épaisseur de 5 mm. Placer les disques de pâte sur la plaque en les espaçant bien. Cuire 12 à 14 minutes au four préchauffé, jusqu'à ce que les biscuits soient croustillants. Les sortir du four et les laisser refroidir complètement sur une grille à pâtisserie.

5 Déposer une boule de sorbet sur la face plate d'un biscuit et presser un second biscuit par-dessus. Retirer l'excédent de sorbet et le remettre dans la sorbetière. Répéter l'opération avec les biscuits restants pour obtenir 8 biscuits fourrés au total. Envelopper les biscuits individuellement dans du film alimentaire. Retirer du congélateur 15 minutes avant de servir.

Douceurs
gourmandes

Cookies au chocolat

Kcal	L	AGS	S	G
79	3,2 g	1,9 g	7,5 g	12 g

INGRÉDIENTS

Pour 30 cookies

150 g de farine, un peu plus
    pour saupoudrer
25 g de cacao en poudre
¼ de cuil. à café
    de bicarbonate de soude
¼ de cuil. à café de sel
200 g de sucre en poudre
85 g de beurre doux, ramolli
3 blancs d'œufs
1 cuil. à café d'extrait de vanille
40 g de pépites de chocolat
    noir

RECETTE

1 Préchauffer le four à 180 °C (th. 6). Chemiser deux plaques de four de papier sulfurisé.

2 Dans un bol, mélanger la farine, le cacao, le bicarbonate et le sel.

3 Dans un autre bol, battre le beurre en crème avec le sucre jusqu'à ce que le mélange blanchisse. Ajouter les blancs d'œufs, l'extrait de vanille et les pépites de chocolat, et bien mélanger le tout.

4 Les mains farinées, façonner une trentaine de boules de pâte et les répartir sur les plaques en les espaçant de 5 cm les unes des autres. Cuire 10 à 12 minutes au four préchauffé, jusqu'à ce que les cookies aient pris.

5 Laisser les cookies refroidir complètement sur une grille à pâtisserie avant de servir.

Chaussons aux pommes

Kcal 130	L 1,1 g	AGS trace	S 11,7 g	G 27,4 g

INGRÉDIENTS

Pour 6 chaussons

huile en spray

1 pomme, pelée, évidée
   et coupée en dés

2 cuil. à soupe de raisins secs

2 cuil. à soupe de sucre roux

6 feuilles de pâte filo

RECETTE

1 Préchauffer le four à 190 °C (th. 6-7). Huiler une plaque à pâtisserie à l'aide du spray.

2 Pour préparer la garniture, mettre la pomme, les raisins secs et le sucre dans un grand bol et mélanger le tout.

3 Pour préparer les chaussons, étaler une feuille de pâte filo sur le plan de travail et la huiler avec le spray. Étaler une autre feuille dessus et la huiler également. Répéter l'opération avec une troisième feuille. Avec des ciseaux de cuisine, découper la pile de feuilles en trois lanières dans la longueur.

4 Déposer une cuillerée à soupe de garniture à l'extrémité d'une des lanières en laissant 5 cm de marge. Rabattre cette marge sur la garniture en formant un angle de 45°. Continuer à plier la lanière de façon à obtenir un chausson triangulaire qui enferme hermétiquement la pâte. Procéder de même avec les deux lanières restantes et mettre les chaussons sur la plaque. Répéter toute l'opération avec les feuilles de pâte et la garniture restantes.

5 Huiler les chaussons avec le spray et les cuire 15 minutes au four préchauffé, jusqu'à ce qu'ils soient légèrement dorés et croustillants. Servir chaud ou à température ambiante.

Omelettes à la ricotta

 Kcal 163   L 8 g   AGS 4,5 g   S 8,5 g   G 12 g

INGRÉDIENTS
Pour 4 personnes

8 blancs d'œufs
2 cuil. à soupe de miel, un peu
    plus pour arroser
1½ cuil. à café de maïzena
2 cuil. à café d'extrait de vanille
225 g de ricotta
huile de tournesol, pour graisser
200 g de framboises

RECETTE

1 Monter les blancs d'œufs en neige souple à l'aide d'un batteur électrique.

2 Ajouter le miel, la maïzena et l'extrait de vanille et battre de nouveau pour bien mélanger. Battre la ricotta dans un petit bol jusqu'à ce qu'elle soit bien lisse, puis l'incorporer à la préparation.

3 Huiler une poêle à fond épais et la chauffer à feu moyen. Verser un quart de la préparation dans la poêle et l'étaler uniformément à l'aide d'une spatule.

4 Cuire 3 à 4 minutes, jusqu'à ce que la base de l'omelette soit dorée. Retourner l'omelette et la cuire encore 2 à 3 minutes, puis la garnir avec un quart des framboises. Soulever un côté de l'omelette et le rabattre sur les framboises.

5 Cuire encore quelques secondes, transférer l'omelette sur une assiette et la réserver au chaud pendant la cuisson des autres omelettes. Servir immédiatement, arrosé de miel.

Gâteau au gingembre et son glaçage au citron

 Kcal 237   L 10,9 g   AGS 1 g S 17 g   G 32,8 g

INGRÉDIENTS
Pour 16 personnes

huile en spray
150 g de farine
150 g de farine complète
1 cuil. à soupe de gingembre
    en poudre
1½ cuil. à café de cannelle
    en poudre
1 cuil. à café de sel
1 cuil. à café de levure chimique
½ cuil. à café de bicarbonate
    de soude
125 ml de mélasse
150 ml d'eau chaude
100 g de sucre roux
100 ml d'huile de colza
85 g de compote de pommes
    sans sucre ajouté
2 œufs, battus

Glaçage

100 g de sucre glace
3 cuil. à soupe de jus de citron
1 cuil. à soupe de zeste
    de citron finement râpé

RECETTE

1 Préchauffer le four à 180 °C (th. 6). Graisser un moule à savarin à l'aide du spray.

2 Dans un bol, battre ensemble les farines, le gingembre, la cannelle, le sel, la levure et le bicarbonate. Mettre la mélasse dans un grand bol résistant à la chaleur, ajouter l'eau chaude et bien mélanger. Incorporer le sucre roux, l'huile de colza, la compote de pommes et les œufs. Incorporer progressivement le mélange à base de farines sans cesser de battre.

3 Répartir la préparation dans le moule et cuire 30 minutes au four préchauffé, jusqu'à ce que la pointe d'un couteau piquée au centre ressorte sans trace de pâte. Sortir le gâteau du four et le laisser reposer 15 minutes, puis le démouler et le laisser refroidir complètement sur une grille à pâtisserie.

4 Pour le glaçage, mélanger le sucre glace, le jus de citron et le zeste jusqu'à obtention d'une consistance lisse. Arroser le gâteau de glaçage, puis le couper en tranches et le servir à température ambiante.

Pain perdu au beurre salé

 Kcal 247
 L 5 g
 AGS 2 g
 S 28 g
 G 43 g

INGRÉDIENTS

Pour 8 personnes

huile en spray

225 g de pain complet, coupé
en cubes

225 ml de lait concentré
non sucré et allégé

175 ml de lait écrémé

2 œufs

85 ml de sirop d'érable

1 cuil. à café d'extrait de vanille

½ cuil. à café de cannelle
en poudre

1 pomme, évidée et coupée
en dés de 1 cm

Sauce

15 g de beurre doux

100 g de sucre roux

1 cuil. à soupe de whisky

5 cuil. à soupe de lait

1 pincée de sel

¾ de cuil. à café d'extrait
de vanille

RECETTE

1 Préchauffer le four à 180 °C (th. 6). Graisser un moule carré de 20 cm de côté à l'aide du spray.

2 Mettre les cubes de pain sur une plaque à pâtisserie et le passer 6 à 8 minutes au four préchauffé, jusqu'à ce qu'il commence à dorer. Laisser le four allumé.

3 Dans un grand bol, mélanger le lait concentré, le lait, les œufs, le sirop d'érable, l'extrait de vanille et la cannelle. Ajouter la pomme et le pain. Laisser reposer en remuant de temps en temps, jusqu'à ce que le pain ait absorbé tout le liquide.

4 Pour préparer la sauce, mettre le beurre, le sucre roux et le whisky dans une petite casserole et cuire à feu moyen à vif en inclinant régulièrement la casserole pour mélanger jusqu'à ce que le sucre soit dissous. Ajouter le lait et le sel, et porter à ébullition. Laisser bouillir 5 minutes, jusqu'à épaississement. Retirer la casserole du feu et incorporer l'extrait de vanille.

5 Transférer le mélange à base de pain dans le moule, napper de sauce et cuire 45 minutes au four préchauffé, jusqu'à ce que le pain perdu ait gonflé et que les bords commencent à dorer. Servir immédiatement.

Crumble aux pommes

Kcal 237 | L 7 g | AGS 4 g | S 38 g | G 48 g

INGRÉDIENTS
Pour 8 personnes
huile en spray

6 pommes, pelées, évidées
et émincées

70 g d'airelles ou de cerises
séchées

4 cuil. à soupe de sucre
en poudre

½ cuil. à café d'extrait de vanille

Garniture
60 g de farine

100 g de sucre roux

½ cuil. à café de cannelle
en poudre

1 pincée de sel

55 g de beurre, à température
ambiante

50 g de flocons d'avoine

RECETTE

1 Préchauffer le four à 190 °C (th. 6-7). Graisser un plat à four à l'aide du spray.

2 Mettre les pommes, les airelles, le sucre et l'extrait de vanille dans un bol et bien mélanger. Étaler le tout dans le plat à four.

3 Pour préparer la garniture, mélanger la farine, le sucre, la cannelle et le sel dans un robot de cuisine ou un grand bol. En actionnant le robot de cuisine ou avec deux couteaux, incorporer le beurre à la farine pour obtenir une consistance de chapelure épaisse. Ajouter les flocons d'avoine.

4 Répartir la garniture sur les pommes et cuire 45 minutes au four préchauffé, jusqu'à ce que le crumble soit croustillant et doré. Servir immédiatement.

Puddings à la pêche et au quinoa

Kcal 180	L 3,2 g	AGS 0,8 g	S 20,5 g	G 31 g

INGRÉDIENTS

Pour 6 personnes

huile en spray
85 g de quinoa
500 ml d'eau
500 ml de lait écrémé
2 œufs
85 ml de sirop d'érable
60 g de compote de pommes
  non sucrée
325 g de pêches, pelées,
  dénoyautées et coupées
  en morceaux
2 cuil. à soupe de sucre roux

RECETTE

1 Préchauffer le four à 180 °C (th. 6). Huiler 6 ramequins d'une contenance de 175 ml à l'aide du spray.

2 Dans une petite casserole, mélanger le quinoa et l'eau, et porter à ébullition. Réduire le feu au minimum, couvrir et laisser mijoter 15 minutes, jusqu'à ce que le quinoa soit tendre. Bien égoutter.

3 Dans un bol, battre le lait avec les œufs, le sirop d'érable et la compote de pommes. Incorporer le quinoa et répartir la préparation obtenue dans les ramequins. Cuire 35 à 40 minutes au four préchauffé, jusqu'à ce que les puddings aient totalement pris.

4 Huiler une poêle antiadhésive à l'aide du spray et la chauffer à feu moyen. Ajouter les pêches et les réchauffer en remuant souvent. Retirer la poêle du feu et saupoudrer les pêches de sucre. Remuer jusqu'à ce que le sucre soit dissous et enrobe les pêches uniformément. Laisser refroidir.

5 Répartir les pêches dans les ramequins. Servir chaud ou à température ambiante.

Puddings à la citrouille et à la cannelle

Kcal 232	L 4,4 g	AGS 1,4 g	S 30,7 g	G 37,6 g

INGRÉDIENTS
Pour 4 personnes
Crème

900 g de citrouille, épépinée
   et coupée en quartiers
huile en spray
3 œufs, battus
70 g de sucre roux
125 ml de lait écrémé
1 cuil. à soupe de farine
2 cuil. à café d'extrait de vanille
¼ de cuil. à café de cannelle
   en poudre
1 pincée de noix muscade
1 pincée de sel

Garniture

1 blanc d'œuf
2 cuil. à soupe de sucre
   en poudre
¼ de cuil. à café de crème
   de tartre
4 cuil. à soupe de lait concentré
   non sucré bien froid
½ cuil. à café d'extrait de vanille
⅛ de cuil. à café de cannelle
   en poudre

RECETTE

1 Préchauffer le four à 180 °C (th. 6). Mettre la citrouille dans un plat à four et la passer 45 minutes au four préchauffé, jusqu'à ce qu'elle soit tendre. Retirer la chair de la peau et la réduire en purée dans un robot de cuisine. Graisser 4 ramequins d'une contenance de 175 ml à l'aide du spray.

2 Dans un bol, mélanger les œufs, la purée de citrouille, le sucre, le lait, la farine, l'extrait de vanille, la cannelle, la noix muscade et le sel. Répartir équitablement le mélange obtenu dans les ramequins. Placer les ramequins dans un plat à four, puis verser de l'eau bouillante dans le plat de sorte que les ramequins soient immergés à demi. Cuire 35 minutes au four préchauffé, jusqu'à ce que les puddings aient pris. Laisser refroidir sur une grille.

3 Pour la garniture, battre le blanc d'œuf avec le sucre au bain-marie jusqu'à ce que le mélange soit chaud et que le sucre soit complètement dissous. Ajouter la crème de tartre et battre à l'aide d'un batteur électrique jusqu'à formation de pics fermes. Ajouter le lait concentré, l'extrait de vanille et la cannelle, et battre de nouveau.

4 Servir les puddings directement dans les ramequins, chauds ou à température ambiante, et nappés d'une cuillerée de garniture.

Lancez-vous !

Vous détestez faire du sport ? Vous préféreriez passer
votre après-midi chez le dentiste que d'aller à la salle de fitness ?
Devinez quoi ? Même si vous haïssez le sport (ou que vous avez
tout simplement la flemme d'en faire régulièrement), vous n'avez
pas à vous inquiéter. Vous pouvez tout à fait mener une vie saine
sans pour autant passer votre temps à faire des abdos. Soyez
tout simplement plus active au cours de votre journée, et ce tous
les jours, et vous vous sentirez mieux dans votre peau !

Bouger davantage dans son quotidien est assez facile.
Vous n'aurez qu'à cuisiner, faire le ménage, plier le linge
et vaquer à toutes vos occupations de façon énergique.
Voici le nombre de kilocalories que vous dépenserez :

Faire les courses (1 heure) : **150**

Repasser (10 minutes) : **25**

Cuisiner (1 heure) : **85**

Faire la vaisselle (1 heure) : **75**

Décharger les courses (10 minutes) : **30**

Faire le ménage (1 heure) : **150**

Jardiner (1 heure) : **240**

Encore mieux, vous pouvez prendre l'exercice comme excuse pour vous amuser davantage et courir les boutiques entre amies. Voici combien de kilocalories une femme brûle en moyenne en pratiquant les activités suivantes :

Faire une grande ballade pour admirer
les arbres en fleurs : **200**

Faire du shopping pour trouver la paire de chaussures
de vos rêves : **150**

Se tenir au courant des potins
avec vos amies
(en marchant d'un bon pas bien sûr) : **300**

Se défouler sur la piste de danse : **400**

Donc, si vous voulez vraiment brûler des calories, vous pouvez consacrer votre journée à faire un grand ménage et à jardiner, ou, mieux, marcher d'un bon pas vers votre café préféré, puis vous rendre au centre commercial pour une expédition shopping d'environ 3 heures (durant lesquels vous pourrez perdre quelque 650 kcal).
Enfin, allez danser entre amies ou avec votre amoureux !

Avec tout ça, vous aurez bien mérité l'une des gourmandises de cet ouvrage. Vous pourrez même prendre deux parts !

Gâteau des anges à la pistache

| Kcal 170 | L 3 g | AGS 0,3 g | S 22 g | G 32 g |

INGRÉDIENTS
Pour 8 personnes

huile de tournesol, pour graisser
6 blancs d'œufs
¾ de cuil. à café de crème
    de tartre
150 g de sucre en poudre
1 cuil. à café d'extrait de vanille
40 g de pistaches, finement
    hachées
85 g de farine de riz, un peu plus
    pour saupoudrer
fruits frais, en accompagnement

RECETTE

1 Préchauffer le four à 160 °C (th. 5-6). Graisser un moule à savarin d'une contenance de 1,5 l, puis le saupoudrer d'un peu de farine et le secouer pour en ôter l'excédent.

2 Monter les blancs d'œufs en neige souple à l'aide d'un batteur électrique dans un grand bol. Mélanger la crème de tartre et le sucre, puis incorporer progressivement ce mélange aux blancs en neige avec l'extrait de vanille. Les blancs en neige doivent être bien fermes.

3 Mélanger les pistaches et la farine de riz, puis incorporer délicatement ce mélange à la préparation à l'aide d'une cuillère métallique.

4 Répartir la préparation dans le moule et taper légèrement ce dernier sur le plan de travail de façon à retirer les éventuelles bulles d'air. Cuire 25 à 30 minutes au four préchauffé, jusqu'à ce que le gâteau soit doré et ferme au toucher.

5 Retourner le gâteau sur une grille et le laisser refroidir dans le moule. Dès que le gâteau est froid, passer la lame d'un couteau contre les parois pour le détacher du moule, puis le retourner sur une assiette. Servir accompagné de fruits frais.

Cupcakes aux amandes et aux poires pochées

Kcal 217	L 4,2 g	AGS 1,5 g	S 32,6 g	G 43 g

INGRÉDIENTS

Pour 12 cupcakes

1,4 l d'eau

200 g de sucre en poudre

6 petites poires, coupées en deux, pelées et évidées

1 bâton de cannelle

Garniture

1 blanc d'œuf

2 cuil. à soupe de sucre

¼ de cuil. à café de crème de tartre

4 cuil. à soupe de lait concentré

½ cuil. à café d'extrait de vanille

½ cuil. à café de cannelle en poudre

Cupcakes aux amandes

huile en spray

85 g de poudre d'amandes

85 g de farine

½ cuil. à café de levure chimique

⅛ de cuil. à café de sel

25 g de beurre doux

100 g de sucre en poudre

1 cuil. à café d'extrait de vanille ou d'amande

1 œuf

RECETTE

1 Pour préparer les poires pochées, mettre l'eau et le sucre dans une grande casserole et porter à ébullition. Réduire le feu et cuire sans cesser de remuer jusqu'à ce que le sucre soit dissous. Ajouter les poires et la cannelle, et laisser mijoter encore 20 minutes, jusqu'à ce que les poires soient tendres. Égoutter les poires et les réserver. Jeter le liquide de cuisson.

2 Pour la garniture, battre le blanc d'œuf avec le sucre au bain-marie jusqu'à ce que le mélange soit chaud et que le sucre soit complètement dissous. Ajouter la crème de tartre et battre 3 minutes à l'aide d'un batteur électrique jusqu'à formation de pics fermes. Ajouter le lait concentré, l'extrait de vanille et la cannelle, et battre de nouveau. Réserver au réfrigérateur.

3 Pour préparer les cupcakes, préchauffer le four à 180 °C (th. 6). Huiler des moules à mini-muffins avec le spray. Mélanger la poudre d'amandes, la farine, la levure et le sel dans un bol. Dans un autre bol, battre le beurre en crème avec le sucre à l'aide d'un batteur électrique jusqu'à ce que le mélange blanchisse. Ajouter l'extrait de vanille et l'œuf, et battre à vitesse moyenne pour bien mélanger le tout. Ajouter la moitié du mélange à base de farine et bien mélanger, puis incorporer le mélange restant.

4 Répartir la préparation dans les moules de sorte qu'ils soient garnis aux deux tiers. Cuire 13 à 14 minutes au four préchauffé, jusqu'à ce que les cupcakes commencent à dorer sur les bords. Démouler les cupcakes et les servir chauds avec les poires pochées et la garniture.

Frais, fruité
et fabuleux !

Petits cheesecakes à la rhubarbe

| Kcal 149 | L 4 g | AGS 1,5 g | S 16,3 g | G 22,3 g |

INGRÉDIENTS

Pour 8 petits cheesecakes

huile en spray

70 g de petits beurres

1 cuil. à soupe de sucre roux

15 g de beurre doux, fondu

1 cuil. à café d'eau

115 g d'un mélange de fruits rouges frais (mûres, myrtilles, fraises et framboises, les fruits les plus gros coupés en dés)

125 g de rhubarbe fraîche, coupée en dés

Garniture

225 g de fromage à la crème allégé

55 g de miel

2 œufs, légèrement battus

1 cuil. à café d'extrait de vanille

1 cuil. à café de zeste de citron râpé

RECETTE

1 Préchauffer le four à 180 °C (th. 6). Graisser un moule carré de 20 cm de côté à l'aide du spray.

2 Émietter grossièrement les biscuits avec le sucre roux dans un robot de cuisine. Ajouter le beurre fondu et l'eau, et mixer très brièvement pour humecter le mélange. Presser la préparation dans le fond du moule en une couche homogène. Cuire 10 à 12 minutes dans le bas du four préchauffé, jusqu'à ce que le biscuit commence à prendre. Sortir du four et laisser refroidir. Ne pas éteindre le four.

3 Pour préparer la garniture, battre le fromage à la crème avec le miel à l'aide d'un batteur électrique. Ajouter les œufs, l'extrait de vanille et le zeste de citron, et battre de nouveau jusqu'à ce que le mélange soit léger.

4 Étaler la garniture sur la base refroidie, parsemer de fruits rouges et de rhubarbe, et cuire 30 minutes au four, jusqu'à ce que la garniture ait presque pris. Sortir du four et laisser revenir à température ambiante, puis mettre au moins 2 heures au réfrigérateur.

5 Couper en 8 pavés et servir bien froid.

Brochettes de fruits rôties

| Kcal 164 | L 8 g | AGS 0,5 g | S 22 g | G 22 g |

INGRÉDIENTS
Pour 4 personnes
2 cuil. à soupe d'huile de noisette
2 cuil. à soupe de miel
jus et zeste râpé d'un citron vert
2 tranches d'ananas, coupées
    en cubes
8 fraises
1 poire, évidée et coupée
    en lamelles épaisses
1 banane, coupée en rondelles
2 kiwis, coupés en quartiers

RECETTE
1 Préchauffer le gril à
température moyenne.
Mélanger l'huile, le miel,
le jus de citron et le zeste
dans un grand plat peu
profond. Ajouter les fruits
et bien mélanger. Couvrir
et laisser mariner 10 minutes.

2 Piquer les fruits sur des
brochettes métalliques en
commençant par un cube
d'ananas et en terminant
par une fraise.

3 Enduire les brochettes
de marinade et les passer
5 minutes au gril en les
arrosant souvent de
marinade. Les retourner
et poursuivre la cuisson
5 minutes. Servir
immédiatement.

Cerises au porto et leur crème à la vanille

| Kcal 137 | L trace | AGS trace | S 26,2 g | G 28,2 g |

INGRÉDIENTS

Pour 4 personnes

Cerises au porto

300 g de cerises fraîches dénoyautées

2 cuil. à soupe de sucre en poudre

4 cuil. à soupe de porto rubis

Crème à la vanille

1 blanc d'œuf

2 cuil. à soupe de sucre en poudre

¼ de cuil. à café de crème de tartre

4 cuil. à soupe de lait concentré non sucré et allégé, bien froid

½ cuil. à café d'extrait de vanille

1 gousse de vanille

RECETTE

1 Préchauffer le four à 230 °C (th. 7-8).

2 Mettre les cerises dans un plat à four et les saupoudrer de sucre. Les passer 10 minutes au four préchauffé, jusqu'à ce qu'elles soient bien tendres et commencent à se déliter. Sortir le plat du four et y verser le porto en remuant les cerises pour déglacer. Enfourner encore 5 minutes, jusqu'à ce que le liquide commence à bouillir et à épaissir.

3 Pour préparer la crème, battre le blanc d'œuf avec le sucre au bain-marie jusqu'à ce que le mélange soit chaud et que le sucre soit complètement dissous. Ajouter la crème de tartre et battre à l'aide d'un batteur électrique jusqu'à formation de pics fermes. Ajouter le lait concentré et l'extrait de vanille. À l'aide d'un couteau tranchant, fendre la gousse de vanille en deux dans la longueur, gratter les graines et les ajouter à la préparation. Battre encore 3 minutes, jusqu'à obtention d'une crème ferme et souple.

4 Servir les cerises dans des verres ou des coupes à dessert, garnies de crème à la vanille.

Salade de pastèque aux figues

| Kcal 196 | L 1 g | AGS 0,5 g | S 44 g | G 43 g |

INGRÉDIENTS
Pour 4 personnes

1,5 kg de pastèque
115 g de raisin noir
4 figues

Sirop
1 citron vert
zeste râpé et jus d'une orange
1 cuil. à soupe de sirop d'érable
2 cuil. à soupe de miel

RECETTE

1 Couper la pastèque en quartiers et l'épépiner. La peler et couper la chair en cubes de 2,5 cm. Mettre les cubes dans un bol avec les raisins. Couper chaque figue en 8 quartiers dans la hauteur et ajouter dans le bol.

2 Râper le zeste de citron vert et le mélanger avec le jus et le zeste d'orange, le sirop d'érable et le miel. Mettre le tout dans une petite casserole et porter à ébullition à feu doux. Verser le sirop obtenu sur les fruits et mélanger. Laisser refroidir. Mélanger de nouveau, couvrir et mettre au moins 1 heure au réfrigérateur en remuant de temps en temps.

3 Répartir la salade de fruits dans 4 bols et servir.

Fruits rôtis à la ricotta

Kcal 172 — L 5,4 g — AGS 2,1 g — S 21,2 g — G 27 g

INGRÉDIENTS
Pour 6 personnes

375 g de ricotta allégée

2 cuil. à café de zeste d'orange
   fraîchement râpé

3 pêches fermes et mûres,
   coupées en quartiers

3 nectarines fermes et mûres,
   coupées en quartiers

3 prunes, abricots ou figues,
   coupés en quartiers

2 cuil. à soupe de miel de fleur
   d'oranger

2 cuil. à soupe d'amandes
   effilées

RECETTE

1 Dans un bol, mélanger la ricotta et le zeste d'orange.

2 Préchauffer le gril à température moyenne à élevée. Passer les fruits 5 minutes au gril en les retournant une ou deux fois, jusqu'à ce qu'ils ramollissent et se mettent à caraméliser.

3 Pour servir, répartir la ricotta dans 6 coupes à dessert et ajouter les fruits, puis arroser de miel et parsemer d'amandes effilées. Servir immédiatement.

91

Qu'y a-t-il au menu?

Si vous voulez enfin vivre sans complexe, vous devrez d'abord repenser vos menus et vous organiser pour avoir toujours sous la main des petits en-cas équilibrés. Par exemple, préparer notre pop-corn au caramel et le conserver dans une jolie petite boîte hermétique vous aidera à ne pas faire trop de bêtises en cas de fringales. En règle générale, n'attendez pas d'avoir un petit creux pour cuisiner, c'est le meilleur moyen de faire de mauvais choix!

Faites toujours une liste avant d'aller faire vos courses. Incluez des fruits frais – framboises, pêches et pommes, par exemple. Achetez toujours un nombre suffisant de petits en-cas sains et nutritifs – yaourts, fruits secs, smoothies, yaourt glacé, etc. Si vous avez un réfrigérateur rempli d'ingrédients sains, vous serez plus facilement tentée d'attraper un yaourt ou un fruit lorsque vous avez envie de grignoter.

Découpez les gros fruits, comme le melon ou l'ananas, et conservez-les dans des boîtes hermétiques comme en-cas gourmands. Pourquoi ne pas penser à congeler ces morceaux de fruits? Vous en aurez ainsi toujours sous la main.

Bien sûr, il est très important de pouvoir
sortir entre amis et d'aller au restaurant
de temps à autre. Rassurez-vous,
vous pouvez !

Encore une fois, le fait de pouvoir planifier
les choses fera toute la différence.
Consultez le menu du restaurant sur
internet et décidez à l'avance du dessert
que vous allez commander. Restez à
bonne distance des pâtisseries et de tout
ce qui peut contenir de la crème fraîche.
Optez pour des sorbets ou des fruits cuits.

Et lorsque vous avez vraiment envie
de vous faire plaisir, feuilletez les pages
de ce livre. Vous pourrez aisément
satisfaire votre gourmandise avec
nos fraises à la meringue, nos fruits rôtis
à la ricotta, au miel et aux amandes
ou encore notre panna cotta.
Ces recettes sont exquises
et se dégustent
sans culpabilité.

Fraises à la meringue

| Kcal 157 | L 0,3 g | AGS traces | S 32,6 g | G 37,5 g |

INGRÉDIENTS
Pour 6 personnes
650 g de fraises fraîches,
    coupées en dés
70 g de sucre en poudre
4 cuil. à soupe d'eau
1 cuil. à soupe de maïzena
1 cuil. à café d'extrait de vanille
½ cuil. à café de poivre

Meringue
3 blancs d'œufs
100 g de sucre en poudre
¼ de cuil. à café de crème
    de tartre

RECETTE

1 Préchauffer le four à 200 °C (th. 6-7). Mettre les fraises, le sucre et l'eau dans une casserole, et porter à frémissement à feu moyen en remuant souvent. Dans un petit bol, mélanger la maïzena et 1 cuillerée à soupe d'eau. Ajouter ce mélange dans la casserole et cuire environ 1 minute, jusqu'à épaississement. Incorporer l'extrait de vanille et le poivre, et retirer du feu. Laisser refroidir.

2 Dans un grand bol, monter les blancs d'œufs en neige souple à l'aide d'un batteur électrique. Ajouter le sucre et la crème de tartre progressivement sans cesser de battre, jusqu'à obtention d'une meringue ferme et brillante. Prélever environ 5 cuillerées à soupe de fraises dans la casserole et les incorporer délicatement à la meringue à l'aide d'une spatule.

3 Répartir les fraises restantes dans 6 ramequins d'une contenance de 175 ml et placer les ramequins sur une plaque de four. Garnir avec la meringue en façonnant des pics du bout des doigts.

4 Cuire 5 à 6 minutes au four préchauffé, jusqu'à ce que les pics commencent à dorer. Servir chaud.

Tartelettes aux pêches

 Kcal 167   **L** 3 g   **AGS** 1 g   **S** 11 g **G** 31 g

INGRÉDIENTS

Pour 4 personnes

1 cuil. à café d'huile
   de tournesol, un peu plus
   pour graisser
100 g de farine
1 gros blanc d'œuf
250 ml de lait demi-écrémé
1 cuil. à café d'extrait de vanille
3 pêches, coupées en lamelles
sirop d'érable,
   en accompagnement

RECETTE

1 Préchauffer le four à 200 °C (th. 6-7). Graisser un moule à muffins à 12 alvéoles.

2 Mettre l'huile, la farine, le blanc d'œuf, le lait et l'extrait de vanille dans un grand bol et battre vigoureusement jusqu'à obtention d'une pâte lisse et mousseuse.

3 Préchauffer le moule à muffins 5 minutes au four, puis répartir les lamelles de pêches dans les alvéoles et ajouter la pâte.

4 Cuire 15 à 20 minutes au four préchauffé, jusqu'à ce que les tartelettes aient bien levé et soient croustillantes et dorées.

5 Démouler délicatement les tartelettes en s'aidant d'une spatule et servir immédiatement arrosé de sirop d'érable.

Panna cotta
et sa compote de mûres

 Kcal 235 L 1,2 g AGS 0,6 g S 49 g G 52 g

INGRÉDIENTS
Pour 6 personnes

3 cuil. à soupe de jus d'orange
    fraîchement pressé
2 cuil. à café de gélatine
    en poudre
500 ml de lait demi-écrémé
350 g de yaourt nature allégé
70 g de miel
1 cuil. à café d'extrait de vanille
2 cuil. à café de zeste d'orange
    râpé

Compote

250 g de mûres fraîches
    ou surgelées
4 cuil. à soupe d'eau
55 g de sucre en poudre
2 cuil. à soupe de jus de citron

RECETTE

1 Pour préparer la panna cotta, verser le jus d'orange dans un petit bol et le saupoudrer de gélatine. Laisser reposer jusqu'à ce que la gélatine ait absorbé le jus d'orange.

2 Dans une casserole, mélanger le lait, le yaourt, le miel et l'extrait de vanille, puis porter à frémissement en remuant à feu moyen à vif. Ne pas laisser bouillir. Retirer du feu, puis ajouter le mélange de gélatine et de jus d'orange. Battre jusqu'à ce que la gélatine soit dissoute. Répartir le mélange dans 6 ramequins d'une contenance de 175 ml. Laisser refroidir à température ambiante, puis couvrir et laisser prendre au moins 4 heures au réfrigérateur.

3 Pour préparer la compote, mélanger les mûres, l'eau, le sucre et le jus de citron dans une casserole et porter à ébullition à feu moyen à vif. Réduire ensuite le feu et laisser mijoter jusqu'à ce que le sucre soit dissous, que le liquide commence à épaissir et que les fruits se délitent. Retirer du feu et laisser revenir à température ambiante.

4 Servir la panna cotta bien froide, garnie de compote de mûres.

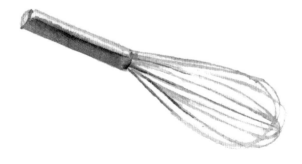

Desserts au citron

Kcal 77 | L 0,8 g | AGS 0,5 g | S 12 g | G 13 g

INGRÉDIENTS
Pour 4 personnes

2 cuil. à soupe de jus de citron
3 cuil. à soupe de sirop d'agave
   ou de miel
1 brin de menthe, un peu plus
   pour décorer
2 blancs d'œufs
1 cuil. à café de zeste de citron
   finement râpé
150 g de yaourt à la grecque
   allégé

RECETTE

1 Mettre le jus de citron, le sirop d'agave et le brin de menthe dans une petite casserole. Porter à ébullition à feu vif sans cesser de remuer. Retirer du feu et laisser reposer 10 minutes.

2 Pendant ce temps, mettre les blancs d'œufs dans un grand bol et les monter en neige souple à l'aide d'un batteur électrique.

3 Retirer la menthe du sirop et ajouter le zeste de citron. Verser progressivement le sirop obtenu dans les blancs en neige en battant à vitesse maximale jusqu'à ce que les blancs forment des pics.

4 Ajouter le yaourt à la préparation et mélanger à l'aide d'une grande cuillère métallique.

5 Servir immédiatement, garni d'un brin de menthe.

Nectarines farcies

Kcal 93 · L 0,2 g · AGS trace · S 20 g · G 16 g

INGRÉDIENTS
Pour 4 personnes
4 nectarines ou pêches
175 g de mûres
125 g de framboises
150 ml de jus d'orange
   fraîchement pressé
1 à 2 cuil. à café de miel,
   ou à volonté
1 cuil. à soupe de cognac
   (facultatif)
4 cuil. à soupe de yaourt
   à la grecque allégé
1 cuil. à soupe de zeste
   d'orange finement râpé

RECETTE
1 Préchauffer le four à 180 °C (th. 6). Couper les nectarines en deux, les dénoyauter et les mettre dans un plat à four.

2 Mélanger les mûres et les framboises dans un bol, puis répartir ce mélange dans les nectarines. Placer les éventuels fruits rouges restants autour des nectarines.

3 Mélanger le jus d'orange, le miel et le cognac dans un petit bol, puis arroser les fruits de ce mélange. Dans un autre bol, incorporer le zeste d'orange au yaourt, et réserver au réfrigérateur.

4 Cuire les nectarines 10 minutes au four préchauffé, jusqu'à ce qu'elles soient bien chaudes. Servir immédiatement, nappé de yaourt à l'orange.

Les petits plats dans les grands

Millefeuilles à la fraise et au chocolat blanc

Kcal 249	L 8 g	AGS 2,7 g	S 36 g	G 50 g

INGRÉDIENTS

Pour 8 millefeuilles

6 feuilles de pâte filo
huile en spray
1½ cuil. à café de sucre
    en poudre
500 g de fraises fraîches,
    émincées
2 cuil. à soupe de sucre glace,
    pour décorer

Garniture

100 g de chocolat blanc,
    haché
5 cuil. à soupe d'eau,
    plus 125 ml
125 g de sucre en poudre
3 blancs d'œufs
¼ de cuil. à café de crème
    de tartre

RECETTE

1 Préchauffer le four à 180 °C (th. 6) et couvrir une plaque à pâtisserie de papier sulfurisé.

2 Pour préparer les carrés de pâte filo, séparer délicatement les feuilles. En étaler une sur le plan de travail, la huiler avec le spray et la saupoudrer avec ¼ de cuillerée à café de sucre. Étaler une autre feuille dessus et répéter les étapes précédentes de façon à obtenir une pile de trois feuilles. Couper la pile en 12 carrés, puis placer les carrés sur la plaque. Répéter l'opération avec les feuilles restantes pour obtenir 24 carrés au total. Cuire les carrés 6 à 8 minutes au four préchauffé, jusqu'à ce qu'ils se colorent. Les sortir du four et les laisser refroidir complètement sur la plaque.

3 Pour préparer la garniture, faire fondre le chocolat blanc avec 5 cuillerées à soupe d'eau au bain-marie. Réserver.

4 Dans une petite casserole, mélanger le sucre et 125 ml d'eau. Porter à ébullition, puis cuire 5 minutes sans cesser de remuer, jusqu'à ce que le sirop commence à épaissir.

5 Battre les blancs d'œufs à l'aide d'un batteur électrique jusqu'à ce qu'ils soient mousseux. Ajouter la crème de tartre et battre encore 3 minutes en augmentant progressivement la vitesse du batteur. Batteur en marche, ajouter le sirop progressivement, jusqu'à ce que la préparation soit froide, brillante et bien épaisse.

6 Incorporer un tiers de la préparation dans le chocolat blanc, puis ajouter les deux tiers restants. Transférer le tout dans un bol, couvrir et mettre au moins 1 heure au réfrigérateur.

7 Juste avant de servir, poser 8 carrés de pâte sur le plan de travail et garnir chacun de 2 cuillerées à soupe de mousse au chocolat blanc. Ajouter ensuite 4 à 5 fraises et couvrir avec un carré de pâte. Répéter l'opération en terminant par un carré de pâte saupoudré de sucre glace. Servir immédiatement.

Meringue d'été

INGRÉDIENTS

Pour 6 personnes

Meringue

2 blancs d'œufs
3 cuil. à soupe de sucre
   en poudre
1 cuil. à café de maïzena
1 cuil. à café d'extrait de vanille
1 cuil. à café de vinaigre

Garniture

225 g de fromage à la crème
   allégé
150 g de yaourt nature allégé
½ à 1 cuil. à café d'extrait de
   vanille, ou à volonté
300 g de fruits rouges, les plus
   gros coupés en deux

RECETTE

1 Préchauffer le four à 120 °C (th. 1-2) et chemiser une plaque à pâtisserie de papier sulfurisé. Pour préparer la meringue, monter les blancs d'œufs en neige dans un grand bol, puis ajouter le sucre sans cesser de battre, une cuillerée à la fois. Incorporer ensuite la maïzena, l'extrait de vanille et le vinaigre.

2 Transférer la meringue sur la plaque pour former un disque de 15 cm de diamètre. Évider légèrement le centre du disque.

3 Cuire 1 h 30 à 2 heures au four préchauffé, jusqu'à ce que la meringue soit croustillante. Éteindre le four et laisser refroidir la meringue dedans. Conserver la meringue dans un récipient hermétique jusqu'à utilisation.

4 Pour préparer la garniture, battre le fromage à la crème avec le yaourt, puis incorporer l'extrait de vanille. Au moment de servir, déposer le mélange au centre du disque de meringue et ajouter les fruits rouges. Couper en six parts et servir.

Tarte à l'orange sanguine

| Kcal 205 | L 2,9 g | AGS 1 g | S 31 g | G 40 g |

INGRÉDIENTS
Pour 8 personnes
huile en spray
250 g de polenta cuite
55 g de sucre roux,
   plus 1 cuil. à soupe
3 oranges sanguines

Garniture
4 œufs
140 g de sucre en poudre
150 ml de jus d'orange
1 cuil. à soupe de jus de citron
125 ml de lait demi-écrémé
½ cuil. à café d'extrait de vanille
1 cuil. à café de zeste d'orange
   finement râpé

RECETTE

1 Préchauffer le four à 180 °C (th. 6). Huiler un moule à tarte de 23 cm de diamètre à l'aide du spray.

2 Pour préparer le fond de tarte, mélanger la polenta cuite avec 55 g de sucre roux et étaler ce mélange en fine couche dans le moule à tarte. Cuire environ 20 minutes au four préchauffé, jusqu'à ce que la pâte commence à se colorer.

3 Pour préparer la garniture, battre les œufs avec le sucre, le jus d'orange, le jus de citron, le lait et l'extrait de vanille. Incorporer le zeste d'orange, puis verser le tout dans le fond de tarte. Cuire 15 minutes environ au four préchauffé, jusqu'à ce que la garniture commence à prendre.

4 Pendant que la tarte cuit, couper les oranges en rondelles fines à l'aide d'un couteau cranté. Dès que la garniture commence à prendre, sortir la tarte du four et la garnir avec les rondelles d'oranges. Saupoudrer avec le sucre restant et enfourner de nouveau 6 à 8 minutes, jusqu'à ce que la garniture ait presque pris.

5 Sortir la tarte du four, poser le moule sur une grille et laisser refroidir. Couper la tarte en parts et servir.

Contrôler ses envies

Quel que soit votre style de vie, vous affronterez toujours
de temps à autre des envies irrépressibles de grignotage.
Les grandes déçues des régimes vous le diront : essayer
de résister à la gourmandise en se privant est inutile.
Canalisez plutôt vos envies et faites des choix judicieux
qui vous raviront le cœur et les papilles, sans les calories !

Les fruits sont parfaits si vous avez besoin de satisfaire une envie
de sucré. Des fruits rouges juteux, du melon parfumé, des
pommes croustillantes et des fruits à noyaux gorgés de soleil
vous apporteront un grand bien-être. Les cerises au porto
et leur crème à la vanille sont à la fois saines et savoureuses,
et une bonne manière de parvenir à consommer vos cinq
fruits et légumes par jour.

Parfois, une simple petite bouchée sucrée vous suffirait
pour repartir du bon pied et oublier votre fringale. Une tisane
au miel et à la cannelle ou un chocolat chaud préparé
avec du lait écrémé par exemple conviendront parfaitement
lors d'une soirée oisive.

L'été, lorsqu'il fait chaud et que vous rêvez de déguster une
bonne crème glacée, optez pour du yaourt glacé ou un sorbet.
Notre crème glacée au sirop d'érable, notre sorbet au vin rouge
ou notre sorbet crémeux au citron feront très bien l'affaire.

Vous serez rassasiée et aurez évité d'engloutir trop de calories et de matières grasses. Évitez les cônes (préférez les petits pots en carton) et vous économiserez encore 25 à 100 kilocalories. Plutôt qu'un cheesecake trop riche, essayez plutôt nos puddings à la citrouille et à la cannelle. Ils sont préparés avec du lait écrémé et sont absolument délicieux. Vous pouvez aussi goûter à notre chocolat glacé à la liqueur de noisette.

Si vous avez envie de chocolat, optez pour une petite portion de chocolat noir, bien moins gras que le chocolat au lait et offrant des antioxydants qui réduisent le risque d'hypertension, de cholestérol et de maladies cardiaques, et limitent les effets du vieillissement des cellules. Nos cookies au chocolat, par exemple, vous redonneront le sourire.

Rappelez-vous la règle d'or d'une vie équilibrée sans culpabilité : ce n'est pas la privation mais la modération qui aide à rester en forme et, osons le dire, à être heureux !

Mini-fondants au chocolat

 Kcal 235 L 10,8 g AGS 4,2 g S 19 g G 31 g

INGRÉDIENTS
Pour 8 mini-fondants
huile en spray
1 cuil. à café de sucre en
   poudre, plus 1 cuil. à soupe
85 g de chocolat noir, haché
20 g de beurre doux, coupé
   en dés
1½ cuil. à soupe de lait
2½ cuil. à café de golden syrup

Gâteau
1 œuf
2 cuil. à soupe d'huile de colza
1 cuil. à café d'extrait de vanille
1 pincée de sel
50 g de sucre glace
40 g de farine
1 cuil. à soupe de cacao
   en poudre
¼ de cuil. à café de cannelle
   en poudre
⅛ de cuil. à café de clou
   de girofle en poudre
2 blancs d'œufs
⅛ de cuil. à café de crème
   de tartre
sucre glace, pour décorer
250 g de framboises fraîches,
   en accompagnement

RECETTE

1 Préchauffer le four à 180 °C (th. 6). Huiler 8 moules à muffins à l'aide du spray, puis les saupoudrer avec 1 cuillerée à café de sucre en poudre.

2 Faire fondre le chocolat au bain-marie avec le beurre jusqu'à obtention d'une consistance lisse.

3 Mettre la cuillerée à soupe de sucre supplémentaire et le lait dans une casserole et porter à frémissement en remuant souvent, jusqu'à ce que le sucre soit dissous. Incorporer le golden syrup et environ un tiers du chocolat fondu (réserver les deux tiers restants pour préparer le gâteau). Mettre la préparation 30 minutes au congélateur, jusqu'à ce qu'elle soit bien ferme.

4 Pour préparer le gâteau, mélanger l'œuf, l'huile, l'extrait de vanille et le sel, et battre le tout. Incorporer un peu de ce mélange aux deux tiers réservés du chocolat fondu. Ajouter ensuite le mélange restant, puis le sucre glace, la farine, le cacao en poudre, la cannelle et le clou de girofle. Bien mélanger le tout.

5 Dans un grand bol, battre les blancs d'œufs à l'aide d'un batteur électrique réglé à vitesse réduite jusqu'à ce qu'ils soient mousseux. Ajouter la crème de tartre et continuer à battre en augmentant progressivement la vitesse du batteur de façon à obtenir une meringue ferme. Incorporer les blancs en neige à la préparation précédente.

6 Répartir la moitié de la préparation dans les moules à muffins et ajouter 1 cuillerée à café de garniture congelée au centre. Couvrir avec la préparation restante en veillant à ce que la garniture soit complètement recouverte.

7 Cuire 8 à 10 minutes au four préchauffé, jusqu'à ce que les bords commencent à gonfler. Sortir les moules du four et laisser reposer quelques minutes sur une grille.

8 Pour démouler, passer
un couteau le long du bord
des moules, puis poser
une planche à découper
dessus et retourner le tout.
Saupoudrer les gâteaux
de sucre glace et servir
garni de framboises.

Mini-meringues à l'abricot et au chocolat

 Kcal 40
 L 1,3 g
 AGS 0,7 g
 S 5,6 g
 G 6,5 g

INGRÉDIENTS

Pour 12 mini-meringues

6 abricots, coupés en deux et dénoyautés

jus d'une demi-orange

1 blanc d'œuf

2 cuil. à soupe de sucre en poudre

55 g de chocolat noir, coupé en 12 carrés

RECETTE

1 Préchauffer le four à 180 °C (th. 6).

2 Placer les abricots sur une plaque de four, côté bombé vers le bas. Arroser de jus d'orange et cuire 5 à 8 minutes au four préchauffé.

3 Pendant ce temps, monter les blancs d'œufs en neige souple dans un grand bol. Sans cesser de battre, incorporer progressivement le sucre en poudre, puis battre encore 1 à 2 minutes, jusqu'à ce que la meringue soit bien épaisse et brillante.

4 Transférer la meringue dans une poche à douille munie d'un embout en forme d'étoile. Déposer un carré de chocolat au centre de chaque abricot.

5 Si les abricots ne sont pas stables, les coller à la plaque avec un peu de meringue. Décorer les abricots de meringue et passer le tout 5 minutes au four préchauffé, jusqu'à ce que la meringue soit dorée et juste cuite.
Laisser reposer quelques minutes, puis dresser sur un plat de service.

Mini-tartelettes au quinoa et au citron vert

| Kcal 137 | L 3,6 g | AGS 1,7 g | S 14 g | G 21,8 g |

INGRÉDIENTS

Pour 20 mini-tartelettes

Pâte

huile en spray
175 g de quinoa
55 g de beurre doux, froid
    et coupé en dés
½ cuil. à café de levure
    chimique
¼ de cuil. à café de sel
2 cuil. à soupe d'eau froide
2 cuil. à soupe de sucre roux

Garniture

2 œufs
2 blancs d'œufs
125 ml de jus de citron vert
zeste finement râpé d'un citron
    vert
225 ml de lait concentré
    non sucré et allégé
115 g de yaourt nature allégé

Meringue

2 blancs d'œufs
55 g de sucre en poudre
¼ de cuil. à café de crème
    de tartre

RECETTE

1 Préchauffer le four à 180 °C (th. 6). Huiler 20 alvéoles d'un moule à mini-muffins à 24 alvéoles à l'aide du spray.

2 Pour préparer la pâte, mettre le quinoa dans un robot de cuisine et le mixer 7 minutes, jusqu'à obtention d'une fine poudre (il restera tout de même des grains entiers). Ajouter le beurre, la levure et le sel et mixer de nouveau pour obtenir une consistance de chapelure épaisse. Ajouter l'eau et le sucre roux, et mixer pour amalgamer le tout.

3 Déposer environ 1 cuillerée à soupe de pâte dans les 20 alvéoles graissées et presser de sorte que la pâte recouvre uniformément le fond et les parois des alvéoles. Cuire environ 10 minutes au four préchauffé, jusqu'à ce que les fonds de tartelettes soient légèrement dorés. Sortir le moule du four, mais ne pas éteindre le four.

4 Pour préparer la garniture, battre les œufs et les blancs d'œufs à l'aide d'un batteur électrique, puis ajouter le jus de citron vert, le zeste, le lait concentré et le yaourt. Bien mélanger et répartir le tout dans les fonds de tartelettes (il est possible qu'il reste de la garniture). Cuire environ 10 minutes au four préchauffé, jusqu'à ce que la garniture ait complètement pris. Sortir les mini-tartelettes du four et laisser refroidir dans le moule sur une grille. Couvrir de film alimentaire et mettre au moins 1 heure au réfrigérateur.

5 Pour préparer la meringue, préchauffer à nouveau le four à 180 °C (th. 6). Mettre les blancs d'œufs, le sucre et la crème de tartre dans un grand bol et battre jusqu'à obtention d'une neige épaisse. Transférer la meringue dans une poche à douille munie d'un embout en forme d'étoile. Décorer le centre de chaque mini-tartelette et cuire encore

10 à 12 minutes au four préchauffé, jusqu'à ce que la meringue commence à se colorer. Transférer le moule sur une grille et laisser reposer environ 15 minutes.

6 Passer la lame d'un couteau le long du bord des alvéoles pour démouler les mini-tartelettes. Servir chaud ou à température ambiante.

Chaussons à la banane et aux noix de pécan

Kcal 192	L 5,2 g	AGS 1,6 g	S 20,6 g	G 31,7 g

INGRÉDIENTS
Pour 8 personnes

huile en spray
1 banane, écrasée
30 g de noix de pécan
3 cuil. à soupe de sucre roux
16 carrés ou ronds
    de pâte à wonton
1 œuf, battu

Sauce

15 g de beurre doux
100 g de sucre roux
2 cuil. à soupe de whisky
5 cuil. à soupe de lait
½ cuil. à café d'extrait de vanille

RECETTE

1 Préchauffer le four à 200 °C (th. 6-7). Chemiser une grande plaque de four de papier sulfurisé et la huiler à l'aide du spray.

2 Dans un bol, mélanger la banane, les noix de pécan et le sucre roux. Étaler les carrés ou les ronds de pâte sur le plan de travail et enduire les bords d'œuf battu. Déposer 1 cuillerée à soupe de garniture au centre, puis replier les carrés en triangles ou les ronds en demi-lunes. Presser fermement pour sceller les bords. Déposer les chaussons sur la plaque et les cuire environ 5 minutes au four préchauffé, jusqu'à ce qu'ils soient croustillants et légèrement colorés. Les sortir du four et les laisser refroidir sur la plaque.

3 Pour préparer la sauce, mélanger le beurre, le sucre roux et le whisky dans une petite casserole. Cuire à feu moyen à vif en inclinant la casserole régulièrement jusqu'à ce que le sucre soit dissous. Ajouter le lait et porter à ébullition. Cuire encore 5 minutes, jusqu'à épaississement.

4 Retirer du feu et incorporer l'extrait de vanille. Servir chaud, arrosé de sauce.

Carpaccio d'ananas et sa sauce à la mangue

 Kcal 107   **L** 0,5 g   **AGS** 0,1 g **S** 24 g **G** 25 g

INGRÉDIENTS
Pour 4 personnes

1 petit ananas
1 mangue mûre
jus d'un demi-citron vert
115 g de yaourt nature allégé

RECETTE

1 Retirer le sommet
et la base de l'ananas, puis
ôter la peau et les « yeux ».
À l'aide d'un grand
couteau tranchant, couper
l'ananas en tranches fines
et les déposer sur un plat
de service en les faisant
se chevaucher.

2 Peler, dénoyauter
et hacher la mangue,
puis l'arroser de jus de citron
vert et la réduire en purée
dans un robot de cuisine.

3 Mettre la purée de
mangue dans un petit bol.
Ajouter le yaourt et
mélanger pour créer
un effet marbré.

4 Poser le bol de purée
de mangue au centre
du plateau. Servir
l'ananas nappé de purée
de mangue.

Crèmes au caramel

| Kcal 228 | L 3,3 g | AGS 1,6 g | S 42,7 g | G 42,7 g |

INGRÉDIENTS
Pour 6 crèmes

500 ml de lait demi-écrémé
1 gousse de vanille
225 g de sucre en poudre
5 cuil. à soupe d'eau
2 œufs
4 blancs d'œufs
1 cuil. à café d'extrait de vanille

RECETTE

1 Préchauffer le four à 160 °C (th. 5-6). Placer 6 ramequins d'une contenance de 175 ml dans un plat à four.

2 Verser le lait dans une casserole et chauffer à feu moyen. Fendre la gousse de vanille en deux, gratter les grains avec la pointe d'un couteau et les mettre dans le lait. Ajouter aussi la gousse dans la casserole. Porter au point de frémissement. Retirer la casserole du feu, incorporer 100 g de sucre et fouetter jusqu'à ce qu'ils soient dissous. Jeter la gousse de vanille. Laisser refroidir le lait à la vanille.

3 Dans une petite casserole, mettre le sucre restant et l'eau et chauffer à feu doux en inclinant régulièrement la casserole jusqu'à ce que le sucre soit dissous. Augmenter le feu et porter à ébullition. Cuire sans remuer jusqu'à obtention d'un caramel doré. Retirer du feu et répartir le caramel dans le fond des ramequins de sorte qu'ils soient totalement recouverts.

4 Dans un grand bol, battre les œufs avec les blancs d'œufs et l'extrait de vanille. Incorporer lentement le lait vanillé refroidi à la préparation. Répartir le tout dans les ramequins, puis verser de l'eau bouillante dans le plat de sorte que les ramequins soient immergés à demi. Couvrir le plat de papier d'aluminium et cuire 30 minutes au four préchauffé, jusqu'à ce que la crème ait presque pris. Sortir le plat du four et placer les ramequins sur une grille. Laisser reposer quelques minutes, puis mettre au moins 2 heures au réfrigérateur.

5 Pour servir, remplir un plat d'eau bouillante et y plonger le fond des ramequins quelques secondes pour en détacher le caramel. Passer un couteau le long des parois, puis retourner les ramequins sur des assiettes à dessert. Le caramel doit couler le long des crèmes. Servir immédiatement.

Gâteau renversé aux fruits d'été

 Kcal 100
 L 1 g
 AGS 0,3 g
 S 15 g
 G 20,5 g

INGRÉDIENTS
Pour 12 personnes

huile en spray

2 pêches ou nectarines,
    ou 4 abricots ou prunes,
    dénoyautées et émincées

55 g de sucre roux

85 g de farine

1 cuil. à café de levure chimique

¼ de cuil. à café de sel

2 œufs

1 blanc d'œuf

100 g de sucre en poudre

1½ cuil. à café d'extrait de vanille

RECETTE

1 Préchauffer le four à 190 °C (th. 6-7) et huiler un moule de 25 cm de diamètre et de 5 cm de hauteur à l'aide du spray.

2 Mettre les fruits dans un bol et les saupoudrer de sucre roux. Avec les mains, mélanger les fruits de sorte qu'ils soient uniformément enrobés de sucre. Répartir les fruits en une seule couche uniforme dans le plat.

3 Mélanger la farine, la levure et le sel dans un bol. Dans un second bol, mettre les œufs, le blanc d'œuf et le sucre en poudre, puis battre 8 minutes à l'aide d'un batteur électrique, en commençant à vitesse moyenne et en augmentant régulièrement jusqu'à ce que le mélange blanchisse. Ajouter l'extrait de vanille et battre encore. Incorporer le mélange à base de farine en plusieurs fois en battant bien après chaque ajout. Verser la préparation dans le moule sur les fruits et l'étaler uniformément à l'aide d'une spatule. Cuire 13 à 15 minutes, jusqu'à ce que la pointe d'un couteau piquée dans la pâte ressorte propre.

4 Laisser refroidir 2 à 3 minutes dans le moule, puis passer la pointe d'un couteau le long des parois et démouler sur un plat de service. Servir chaud ou à température ambiante.

Index